RÉPONSE

DU

STÉNOGRAPHE PARISIEN

A UNE NOTE

DE MADAME MANSON.

RÉPONSE

DU

STÉNOGRAPHE PARISIEN

A UNE NOTE

DE MADAME MANSON,

INSÉRÉE DANS SON PLAN DE DÉFENSE

ADRESSÉ A TOUS LES CŒURS SENSIBLES.

Je suis inexplicable, dit ma mère.

∾∾∾∾∾∾∾

A PARIS,

CHEZ PILLET, IMPRIMEUR—LIBRAIRE,

ÉDITEUR DE LA COLLECTION DES MŒURS FRANÇAISES,

RUE CHRISTINE, Nº 5.

1818.

A

MADAME MANSON.

Madame,

Laissant à un plus habile et plus patient rédac-
teur le soin de recueillir les débats, déjà cinq fois
différés, du procès Fualdès, le Sténographe *Parisien* oubliait ses voyages de long cours aux bords
du Tarn et de l'Aveyron, quand votre nouveau
livre est venu le chercher dans son obscurité. Il

n'en sort que comme on quitte un ami qu'on re-trouvera bientôt, et que l'on voudrait pouvoir recommander à la plupart de ces renommées qui font tant de bruit dans le monde. Huit jours encore, et vous échappiez à ma mémoire; si quelque ingratitude en est la cause, direz-vous que ce soit la mienne? Je voudrais essayer de vous faire comprendre, à deux cents lieues de vous, qu'il se traite maintenant quelques petits détails de politique, quelques petites négociations qui ne sont pas moins européennes que vous-même; et j'allais céder à cet exemple de l'esprit public qui s'intéresse au gain d'un procès qui n'est pas le vôtre, quand vous m'avez fait l'honneur de me rappeler votre souvenir. Il était tems : et, dans l'impuissance de m'occuper à-la-fois de deux grandes choses, entre vous et les discussions sur la loi du concordat, j'allais choisir.

Je ne vous eusse donc pas écrit, mais je vais répondre; cette tâche est mon devoir; et j'accueillerai, avec une sorte de confusion qui tient peut-être de ma vanité, les aimables agaceries qu'adresse à l'un de ses humbles admirateurs une rivale de nos Sévigné. Quel Français refuserait de relever le gant que laisse tomber une main charmante? et qui ne serait heureux, Madame, d'entrer en quelque lutte avec vous!

Je n'ai demandé que le tems de me reconnaître et de m'accoutumer un peu à tant d'heur et à tant de gloire. Détachant un des rayons qui composaient votre auréole, vous vous êtes montrée jalouse de parer aussi mon front; ébloui de ce nouveau météore, je ne voulais pas risquer de me tromper dans le choix de mes armes. J'ai craint de prendre trop de champ contre vous; car je n'accepte, dans le défi, qu'une résistance inoffensive, et je serais inconsolable, en me retirant dans la foule, d'avoir comme ce guerrier d'Homère, blessé une immortelle dans le combat.

Vous assurez que vous n'aviez point le dessein de publier les *Memoires* que vous m'avez remis à Rodez. « Vous avez cédé à des impulsions étran- » gères, aux raisonnemens les plus insidieux ; en- » fin vous avez été trompée. » Quoi, *trompée !* Ce tort, que vous m'attribuez avec une libéralité si généreuse, est-il si communément celui de mon sexe ? Pourrez-vous persuader, Madame, vous dont le caractère de résistance commence à être à peu près connu, que votre volonté soit demeurée étrangère à l'un des actes importans de votre conduite ? J'en douterais quand vous pourriez accuser l'influence de quelque ami éprouvé, l'imposante autorité d'un sage dont l'expérience vous eût décidée ; mais moi, Madame, qui loin d'être un sage (comme je le prouve) n'étais pour vous qu'un inconnu, qu'un étranger, qu'un voyageur, que le premier venu... se peut-il que j'aie triomphé de vos résolutions, et que vous vous soyez interdit de réfléchir contre moi ? J'en deviendrais d'autant plus avantageux que cette marque si flatteuse de déférence, vous me l'avez offerte à la première entrevue. Gardez qu'on aille imaginer que, dans l'impatience de faire parvenir vos manuscrits à la gloire, vous n'avez pas même choisi votre intermédiaire ; l'honneur que vous me faites sera perdu si on peut induire de cette précipitation que, faute de l'expédient qui s'offrait à vous, et plutôt que de renoncer à la publicité, vous eussiez, comme ce fameux captif, pris le parti de tracer vos infortunes sur une ardoise pour en confier le sort au vent de la renommée.

Non, Madame, vos Mémoires justificatifs ne vous ont pas tout-à-fait justifiée ; mais, si vous êtes *fâchée* de les avoir mis au jour, pourquoi vous en prendre à votre innocent éditeur ? Ne ressembleriez-vous pas à ces enfans capricieux qui, ayant heurté contre une pierre, veulent se venger de la passive cause de leur mal ; ou mieux peut-être à ce prince de théâtre, qui, puni d'une démarche qu'il avait expressément commandée,

s'écriait dans sa colère : « Mes ministres devraient
» bien prendre garde à ce que je fais ? »

Mais, Madame, il serait facile d'ajuster quelques phrases apologétiques de mes rapports avec
vous ; il faudrait manquer de toute adresse pour
ne pas savoir, à votre exemple, présenter un spé-
cieux exposé de sa cause ; il me reste une ma-
nière franche, et je vous demande pardon de
l'employer : c'est de raconter naïvement notre
petite histoire de la prison des Capucins ; c'est de
remettre sous vos yeux la lettre même que je vous
écrivis le 6 février, à Albi ; cette lettre servait de
réponse aux mille bruits que vous laissiez courir ;
cette lettre, passant sous les yeux de la justice,
était destinée à nous mettre dans une espèce de
confrontation. Je ne sais rien de si expéditif,
voyez vous, que de recourir aux choses qui ont
un caractère authentique. La bonne foi sera peut-
être un moyen que vous trouverez bourgeois ;
mais qui n'est pas encore aussi usé qu'on pourrait
le croire.

Je vous disais donc « que lorsque j'eus l'honneur de vous être présenté sous les auspices de
M. l'abbé P., je fus moins conduit par la cu-
riosité que par l'intérêt que vous inspiriez alors.
Il fut témoin de nos deux entrevues ; tout ce
qui se passa n'a pas plus échappé à son souve-

nir qu'au mien. Vous aviez fait un *Mémoire*, vous l'aviez lu à quelques personnes, on en parlait dans la ville. Dès notre première visite, vous nous proposâtes de l'entendre ; et nous l'entendîmes avec le désir de le trouver satisfaisant. Je ne vous dissimulai point qu'il ne me semblait pas remplir toutes vos vues ; mais je pensai qu'en y joignant quelques complémens, il pouvait vous servir encore ; et j'ajoutai qu'il était de l'intérêt de votre cause de faire entendre au public une voix *justificative*, avant l'époque où les défenseurs de vos co - accusés ne manqueraient point à Albi de vous flétrir dans votre témoignage.

» Vous désirâtes consulter avant tout votre mère , et M. l'abbé s'offrit à être l'intermédiaire entre elle et vous. Il hésita, puis refusa, dans la crainte sans doute de se compromettre (espèce de faiblesse trop commune dans de certaines localités); je fus amené à vous proposer de recevoir votre écrit et de le porter moi-même à votre famille ; je le fis. J'engageai ma parole d'honneur de vous le rapporter avec une réponse quelle qu'elle fût ; je le fis.

» Cette réponse contenait l'invitation de soumettre vos idées à celles de votre père : vous improuvâtes ce moyen, fondant votre refus sur ce

que votre père pouvait vous empêcher de réveler
que son autorité avait trop influé sur vos irréso-
lutions. Dans la position où vous étiez, avais-je
quelque prétexte à vous refuser mon assistance?
Vous me confiâtes votre défense, je me chargeai
de la faire publier. Mon rôle me paraissait hono-
rable : car votre écrit contenait la vérité toute
entière, ou la célait en quelque point; et, dans
l'un et l'autre cas, la justice devait profiter de cette
pièce importante, et vous deviez en retirer des
avantages. »

Vous voyez, Madame, que je cite correctement,
l'original est encore dans vos mains, et M. le président des assises en a voulu garder une prévoyante
copie.

« Je vous avais parlé d'une considération qui
pour tous deux n'avait été que secondaire, elle
touchait cependant à l'état de mauvaise fortune
que vous nous aviez exposé. J'osai vous assurer
que ce Mémoire donnerait quelque produit à son
auteur; vous fûtes émerveillée de la somme que
je vous offris, toute modique qu'elle était. Je
laissai dans votre prison quelques pièces d'or et
une lettre de change. Je n'attachais de condition
au service que je voulais vous rendre, que d'obtenir la permission d'effacer de votre récit plus
d'une expression qui aurait offensé un cœur filial.

» Vous me passâtes un acte de vente qui fut ainsi conçu : *Je déclare avoir remis à M. *** un Mémoire adressé à ma mère, explicatif de ma conduite dans le procès de l'assassinat de M. Fualdès*, AVEC PRIÈRE DE LE FAIRE IMPRIMER ET PUBLIER. *Le manuscrit est de ma main. Je reconnais lui en avoir cedé la propriéte pour une somme convenue et payée* (elle l'était, puisque je vous laissais ma signature), ET PAR CONSÉQUENT, LA FACULTÉ D'EN TRAITER AVEC LES ÉDITEURS. »

« Cet acte devait servir à ce dernier usage : pour concéder une propriété, il faut l'avoir ; et il eût été absurde de penser qu'un libraire payât un manuscrit sans que je lui produisisse un titre de possession. La précaution de ne point stipuler de somme avait pour objet de me réserver le moyen de vous obtenir de plus sortables conditions de votre libraire. »

Nous verrons jusqu'à quel point vos intérêts ont été desservis.

Rien n'était plus incertain que l'issue de cette entreprise : M. Manson, en puissance de qui vous étiez alors, ne pouvait-il arrêter l'essor de votre renommée, et vos publics désaveux n'allaient-ils pas contrarier l'action de la justice ? Dans cette chance équivoque, on m'assurait que mes faibles avances étaient même compromises ; je me confiai au plaisir de mériter quelque jour vos remercîmens... C'était, comme je l'ai dit, me faire votre chevalier, sans nul espoir de récompense.

Cette lettre finissait par ces mots : « Je craindrais de mêler quelque amertume à des détails déjà trop longs. Vous entrerez à l'avenir, Madame, en relations directes avec votre libraire. J'ai pensé qu'il serait moins gênant pour vous de recevoir de lui, que des mains d'un homme dont vous avez offensé la délicatesse. »

Vous les avez entamées, ces relations ; elles ont été étranges ; c'est à ce détail que vous avez voulu toucher, quand vous dites en parlant de notre maladroite préface : « Elle sera payée, si elle ne l'est déjà. » Il faut donner ici une courte et incidente explication ; je vais au-devant de vos plus chers désirs. Trop consciencieuse et trop modeste, vous ne portiez qu'à un *demi-écu* la valeur du Mémoire véridique que vous aviez composé, je l'achetai 5oo francs ; et je cédai ce marché pour cinquante louis, *à votre profit*, à l'honnête éditeur qui s'en chargea. Voici la principale disposition de l'engagement qui fut rédigé entre nous le 21 décembre :

« M. Pillet s'oblige à compter une somme de

» douze cents francs, payables *trois mois après la*
» *date du présent acte.* » (Je sais que vous vous
souvenez, Madame, que je m'annonçai aux auto-
rités qui vous approchaient à Sainte - Cécile,
comme porteur des sept cents francs complémen-
taires rendus depuis à votre imprimeur, avec le
soin de vous les adresser lui-même).

« M. Pillet déclare demeurer chargé de tous
» les frais, risques et périls que peut entraîner la
» publication dudit ouvrage ; reconnaissant que,
» dans le cas où, soit le ministère public, soit la
» famille de madame Manson, viendraient à se
» porter opposans à la libre émission dudit vo-
» lume, et en feraient même *supprimer l'édition,*
» ledit sieur Pillet ne pourra exercer d'action ni
» de reprise sur le prix stipulé ci-dessus. »

Ce libraire courait donc quelques chances, et
ne pouvait demander de dédommagemens. Ce
n'est pas tout : ce libraire, que vous menacez d'un
procès quand celui d'Albi vous aura laissée oi-
sive, ayant obtenu un débit raisonnable de votre
première production, écrivit le 5 mars à M. le
chevalier de Faydel :

« Je ne profite du malheur de personne pour
» refuser une rétribution que j'aurais offerte à un
» autre, à la place de madame Manson. Je dépose
» donc entre vos mains, M. le président, comme

» dans celles de l'autorité la plus authentique et la
» plus respectable, la déclaration que je tiens en
» réserve une somme de douze cents francs pour
» madame Manson. Cette somme, jointe à la pre-
» mière, formera un total de *deux mille quatre*
» *cents livres*. Quel écrivain tire un meilleur
» profit de sa plume ? »

Ce libraire a, en vérité, quelque raison. Il pourrait parler même de l'envoi d'un voile que maudiront quelques spectateurs des assises...... En tout, on ne remarquera dans sa conduite qu'une loyale générosité, et je ne vois pour lui qu'un risque à courir, c'est de mériter qu'on le casse à la tête du corps des libraires.

Votre éditeur n'a pas gagné, comme vous le croyez, cinquante mille écus à débiter les vérités que vous aviez tissues pour le public ; il se contenterait de la dixième partie de cette somme. Mais votre part et la sienne resteront inégales ; de grands auteurs ont enrichi les libraires. Si vous entrez jamais dans la condition littéraire, vous apprendrez à en subir les disgraces, et à ne pas vous croire à l'abri des coups que n'ont pu éviter les plus illustres réputations.

Il me reste à me défendre, Madame, contre la dernière partie de votre défense ; c'est là que vous m'avez attaqué à part. Ainsi vous me consacrez le dernier chapitre de votre roman! S'il est vrai, comme l'a dit un observateur de votre sexe, qu'une femme réserve toujours sa plus intime pensée pour un *post-scriptum* ; je me féliciterai encore de la place que vous m'avez ménagée. Abordons votre manifeste ; car vous êtes une puissance ; et une *note* de vous prend un caractère diplomatique. Pour vous répondre, je suivrai à peu près l'ordre de vos idées ; et si l'on m'accusait de manquer quelquefois de logique et de méthode, j'aurais recours à vous pour me justifier.

Votre ponctualité me charge d'abord de l'accusation d'être distrait : c'est la première fois qu'une dame se plaint des distractions qu'elle a causées. J'ai changé, dites-vous, la suite des pages de votre Mémoire ; est-ce à vous de vous plaindre qu'on n'ait pu soumettre à l'ordre les feuilles inspirées de la Sybille? Ma timide intelligence eût demandé quelques chiffres pour la guider. J'entends mal le jeu des casse-têtes, ou chinois, ou aveyronnais ; mais, comme *il faut laisser quelque chose à désirer aux lecteurs,* passez-moi les notes qui vous ont expliquée en faveur de l'obscurité où je vous ai conduite.

Vous me reprochez d'ajouter le mot *fils* au nom de ce jeune Fualdès qui, chaque jour, remplit si dignement le devoir que lui retrace un titre sacré :

eh! madame! cette inadvertance, vous ne l'eûssiez pas commise... Mais est-elle si inexplicable pour ceux qui, *Dieu merci!* n'ont pas vu expirer son père chez Bancal. Soyez moins exigeante ; il nous manque, à nous, d'affreuses raisons pour être armés contre une telle amphibologie. Vous parlez de palladium et d'auto-da-fé ? je pourrais assurer que je ne vous comprends pas ; mais ce serait répondre comme toute la France, ce qui n'est nouveau ni généreux ; j'aime mieux me borner à vous dire que vous pouvez impunément *devenir idolâtre*, je ne vous dénoncerai point au *Saint-Office*, car je ne dénonce personne. – Vous, madame, qui jetez en jouant l'idée que j'ai trahi vos *opinions politiques*, *soustrait des sentimens conformes à ceux du Gouvernement*, ne vous informez jamais de quel nom se désigne cette innocente remarque. Je vais répondre ; et ce n'est plus à vous.

Ce que madame Manson nomme ses idées politiques se composait de deux parties distinctes : l'une en éloges du Gouvernement établi, l'autre en injures contre une autorité abattue. J'ai respecté religieusement ce qui exprimait son légitime hommage ; mais j'ai abrégé, j'en conviens, quelques imprécations, quelques propos qui m'ont paru hors de convenance et, ce me semble, étrangers au procès de M. Fualdès. L'accusée

2

m'avait remis l'intérêt de sa cause dans l'opinion publique ; c'est-à-dire le soin de lui concilier le plus grand nombre possible de lecteurs et de partisans. Ma sollicitude aurait craint qu'un seul de ses nombreux juges ne fût blessé dans ses souvenirs. Je ne pouvais apercevoir, dans l'éloquente colère d'une femme, cet exemple d'union et d'oubli que recommande la sagesse du pouvoir.

Maintenant, madame, je reviens à vous ; et j'y reviens pour restituer ce que vous me demandez. J'ai fait des *substitutions* dans vos phrases, j'ai modifié quelques passages? ils sont peu nombreux; je viens compter avec vous. Nous allons supputer vos mots, de clerc à maître, et, toute chose omise ou prêtée, je ne vous ferai pas tort d'une virgule. Je vous rendrai, dans les *errata* composés pour l'édition prochaine de vos œuvres, jusqu'à ces négligences de notre langue, ces fautes légères d'orthographe, coquetterie de votre style, et qui prêteraient même du charme à un écrivain qui ne serait pas, comme vous, madame, formé sur l'étude des *Condillac* et des *Mably*.

Page 96, au lieu de ces mots : « Mon père.... de » vint furieux, et s'approcha pour me frapper » , on lira : *Et, s'approchant de moi, il me donna un coup de poing dans le sein, qui m'eût renversée, sans une commode qui se trouvant der-*

Nière moi, me retint. Page 36, au lieu de : « Ce » n'est pas que M. Clémendot fût, comme je l'ai » dit, à redouter pour moi ; car on prétendait » qu'en partant de Rodez, il emportait d'amers » souvenirs », on lira : *En partant de Rodez, il emportait des marques de souvenirs* DES BELLES DE CETTE VILLE ; *et, pour la sûreté de sa route, il avait déjà contracté une liaison intime avec le messager des dieux !* .... *J'appris cela dans la matinée, et l'on me dit même qu'on voulait lui donner* UNE VOLÉE *avant son départ.*

J'envie, Madame, la réserve du docte couple de vos éditeurs nouveaux ; à ceux-là vous ne ferez point le reproche de vous avoir corrigée ; ils vous ont laissée dans cette *naïveté* que vous poursuivez avec tant de recherche. Dans votre *Plan* de défense *adressée* à tous les cœurs sensibles, si vous dites : « Mon projet ne *fut* pas de le publier » encore ; j'étais livrée à tout ce que l'ennui *eût* » de plus dévorant ; je serais fâchée que le pu- » blic pût croire que *c'est* à elle (l'éloquence) » que je devrais mon salut ; si vous n'avez eu » garde *d'artiser* votre cause ; vous pourrez *ob-* » *server* à ces *humains et sensibles* éditeurs qu'ils » ont compté à tort sur une connaissance géné- » rale de l'idiôme de leur boutique ; *excepté que* » *je n'aie,* direz-vous, *le pouvoir de* faire trou- ver tout cela charmant.

Du reste, je suis de votre avis, Madame; et une page de vos Mémoires (la page 3o, par exemple) valait mieux, pour vous faire connaître, que tous les détails de la préface : je le confesse en toute humilité. Mais pourquoi, quand votre esprit a tant davantage à attaquer ma prose, et à faire mentir mes éloges, user vos dents, encore jolies, contre l'airain d'une réputation immortelle ? Quoi, madame Manson! c'est l'auteur de *Corinne* que vous voulez combattre ? c'est là que s'adressent vos railleuses saillies, au lieu de les réunir contre un adversaire qui ne demande qu'à déposer ses armes à vos pieds! Savez-vous ce que c'est que l'auteur de *Corinne?* c'est le plus beau génie de ces tems; l'ame de la philosophie poétique; le modèle des nobles inspirations; c'est l'orgueil de votre sexe. Et vous, Madame, qni demandez ce que c'est qu'*un vulgaire*, qui vous informez de ce que c'est que *la folie...* vous pouvez croire qu'il ne m'est pas impossible de répondre; mais apprenons ensemble à ne pas s'enquérir des choses sur lesquelles on pourrait être consulté soi-même.

La copie de votre lettre à M. le garde-des-sceaux, cette pièce, *inconnue même à votre mère*, vous nous l'aviez lue, Madame, à nous qui n'étions dans aucune confidence. Que contient-elle, qui ait pu vous compromettre? vous me l'avez remise sans cachet, sans recommandation de mystère ; que dis-je, ne m'aviez-vous pas permis d'en faire usage ? Si vous le niez, je suis assez civil pour ne pas insister ; mais je me renfermerai à penser comme le témoin Félix Constans, dans la séance du 8 septembre *. Et voilà donc ce que vous appelez *la violation des droits les plus sacrés !* Heureusement que l'on sait, Madame, que tout cela n'est pour vous qu'une plaisanterie.

Vous n'êtes point romanesque ? voici qui devient serieux : c'est ma seule indiscrétion qui vous aura prêté cette réputation d'être *inexplicable* et *bizarre*. Eh bien ! je vais abjurer mes torts ; imitez-moi : quand on m'accuse d'une chose, je la déclare avec vérité. Non, vous n'êtes point romanesque. Ce travers suppose quelque élévation dans le caractère, quelque imprévoyance, quelque abnégation de soi-même, enfin une gratitude exagérée pour ce qui veut nous obliger ; mais, employer un zèle désintéressé comme un instrument qu'on se propose de sacrifier ; rendre autrui responsable des événemens que nous avons préparés, cette sagesse est à l'usage *du commun des gens.*

* *Voyez* la notice du Procès de Rodez, imprimée chez Pillet, page 151.

Si vous attaquez votre éditeur pour votre écrit qui réussit mal , quand un mois et cinq jours se sont écoulés entre la remise de cet écrit et sa publication ; quand vous lui avez adressé trois lettres , dans cet intervalle , sans retirer votre procuration ; quand vous mandiez : « Ne » me parlez plus de *Mémoire* ; mais dites sim- » plement si nous aurons *la liberté de la presse,* » et l'effet que *cette nouveauté* aura produit ; » quand enfin vous lui envoyiez deux paragraphes pour grossir votre *factum,* ce petit manège pourra servir à vous justifier.

Aujourd'hui, vous appelez l'émission de votre livre *prématurée;* et , tandis que l'horizon de votre célébrité s'obscurcit comme le procès qui vous implique , que les inconvéniens de vos démarches se révèlent à vous , vous vous efforcez de charger un autre du tort que vous adresse le monde ; vous n'êtes point *inexplicable.*

Ce livre, estimé si peu , fut payé une fois, puis une autre ; et vous demandez de nouveau à votre libraire de l'argent : vous n'êtes point *bizarre.* Rien n'est plus positif, plus ordinaire , et moins singulier que ces vues ; il faudra qu'on vous rende pleine justice : ces idées courent les rues, et le public peut *clairement* lire dans vos impressions.

Une fois débarrassée de ces pénibles charges , aidez-moi , Madame , à rentrer en grâce dans votre esprit, en m'apprenant quel étrange sujet nous a brouillés. Quand de toutes parts on me demande ce que je vous ai fait, je m'empresse de répondre : *Rien*, en toute modestie ; et j'ai le chagrin de voir que cette réponse explique mal les raisons de votre colère contre moi. Toutefois, je ne me plains pas ; pourquoi me plaindre ? Est-il quelqu'un qui vous ait approchée sans encourir les suites de vos mobiles affections ? Je songe à vos parens, à vos juges, à deux préfets, à vos discours sur les témoins, sur la compagne de vos plaisirs, sur l'une de vos bienfaitrices... ; et je trouve que vous châtiez toujours en raison directe des sentimens intimes que vous avez prodigués. Je ne serai jamais assez heureux pour que vous me maltraitiez autant que M. Clémendot.

De quel tort prétendez-vous me punir ? du succès de votre premier ouvrage. Hé quoi! Madame, en relisant le texte de vos *Mémoires*, en retrouvant les traits de votre fils, qu'on a jugés délicatement placés à la suite de votre œuvre, en considérant votre propre image..., vous n'avez pas senti naître la moindre reconnaissance pour votre éditeur! Dites-moi, ne vous aurait-on pas conduite par la main dans les routes fausses que vous tentez aujourd'hui ? Quelque homme, dont le nom menteur ne laissera dans votre mémoire que des épines, ne vous aurait-il pas tristement séduite ? Et n'ai-je pas le droit de vous demander, comme Nicomède à Laodice :

> Vous a-t-il conseillé beaucoup de lâchetés,
> Madame ?

Vous avez prophétisé quelque part qué vous *portiez malheur à tout ce qui s'intéressait à vous ;* pour moi, j'accepte les dangers de mes attachemens. Mais rassurez-vous à l'avenir ; malgré ma discrète réserve, vous ne pourrez manquer d'être incessamment connue, et vous ferez moins de malheureux. Je vous excuse, et je désire que le public soit de mon avis. Si j'avais pu oublier un instant les sentimens qui vous sont dus, j'aurais trouvé mon devoir écrit dans les nobles expressions d'un magistrat qui vous connaît, et qui, le jour où je reçus de vous une réponse si peu en rapport avec les explications que je vous adressais, m'écrivait lui-même en ces termes :

Albi, 7 février 1818.

Monsieur,

« J'ai eu l'honneur de vous transmettre une lettre de Mme Manson, en réponse à celle que vous avez bien voulu me communiquer ; c'est une femme, Monsieur ; ses malheurs l'ont aigrie ; vous le savez, l'injustice est voisine de l'infortune. Dans la situation où la voilà placée, ne sera-ce pas toujours à elle de se justifier ? J'aime à vous faire part de cette pensée. »

Recevez, Monsieur, l'assurance de ma considération très-distinguée.

De FAYDEL.

Vous sortirez, Madame, innocente et justifiée de la lutte criminelle où vous vous êtes engagée ; si quelqu'un, dans la France entière, eût élevé un doute à cet égard, j'aurais attendu l'issue du procès Fualdès pour répondre à vos agressions ; bien que sûr de l'oubli où tombera le *Sténographe* après la séance où votre liberté sera prononcée. Je retourne à des travaux moins séduisans que vous : adieu, Madame..., dirai-je Manson ou Manzon ? La justice vous désigne par un *S*, et, contradictoirement, vous signez par un *Z*. Après quatre mois de rapports entre nous, je n'ai pas pu nettement savoir si vous étiez bien sûre du nom de votre mari. Recevez mes sincères hommages : tant de grâces, d'esprit, et de malheurs volontaires ne me seront jamais indifférens, quoique mon dépit en puisse dire. J'appartiens à cette classe d'hommes que vous avez voulu définir, et chez qui l'amitié *une fois entrée dans le cœur n'en sont plus...* Vos dévoués défenseurs ne cesseront donc de faire des vœux pour vous, que le jour où, rendue aux solitudes du *Perié*, vous retrouverez vos pénates... étonnés. C'est dans le recueillement que se cicatrisent tous nos maux, que s'éclairent toutes nos idées. Là, vous reconnaîtrez peut-être que, lassée d'avoir écrit à votre mère, vous avez eu quelque tort d'aller chercher *tous les cœurs sensibles* (comme s'il y avait un cœur plus sensible que celui d'une mère); vous apprendrez, peut-être, par l'indifférence des étrangers, que nos plus sûrs appuis sont dans nos familles ; allez rejoindre la vôtre, allez la consoler de votre renommée. Embarquée sur une mer orageuse, vous avez été battue des vents contraires ; les uns vous assaillaient de blâme, les autres de dangereux éloges. Rentrez au port, il en est tems. On vous enviera près d'une mère comme la vôtre, entre vos deux Edouard, dont l'un est couronné des mâles lauriers de Wagram, et l'autre de toutes les roses de l'espérance. Allez, Madame ; et puissiez-vous obtenir de votre adresse un dernier succès, presque impossible : celui de vous faire oublier.

Le Sténographe Parisien.

Paris, 21 mars 1818.

Nota. On m'avait conseillé de répondre à mademoiselle Pierret, qu'un innocent désir de scandale a conduit tardivement à pousser son nom dans un journal : mais d'abord sa lettre n'est point d'elle ; ensuite les inculpations dont on lui suggère l'idée, peuvent-elles m'atteindre ? J'avais rectifié, quinze jours avant qu'elle réclamât, le fait de son arrestation à Toulouse. J'ai donc pris (tout seul) le soin de démêler, dans une aussi ingénieuse espièglerie, cette fleur de finesse qui distingue nos adversaires de l'Aveyron. Braves gens, qui, comme les fauteurs de la rue des Hebdomadiers, ne se mettent pas moins de trois contre un dans leur bureau d'esprit : honnêtes oisifs qui se jugent méconnus, parce qu'on dédaigne de parler des *harras*, et qui aspirent à se faire confondre avec la population de la ville de Rodez, comme si nous n'avions pas exprimé qu'elle ne renfermait que d'estimables citoyens. J'ai passé six semaines dans leur pays sans avoir rencontré ceux qui se placent aujourd'hui sous les falbalas d'une femme ; et, après quatre mois, rassemblant tout-à-coup leur courage et leur esprit, ils se cotisent pour me répondre, et entassent lettres sur journaux, et journaux sur brochures, pour me déclarer atteint et convaincu de quelques erreurs topographiques. Tout cela paraîtrait-il assez ridicule et assez pitoyable..... si on le savait !